SOUS PRESSE :
EN VENTE :
L'ENFANT CHÉRI DES DAMES, comédie-vaudeville en 2 actes.
BIRIBI LE MAZOUAKISTE, vaudeville en un acte.
LES TALISMANS, drame fantastique en cinq actes, par Frédéric SOULIÉ.
LADY SEYMOUR, drame en cinq actes.

LA FRANCE
DRAMATIQUE
AU DIX-NEUVIÈME SIÈCLE,

Choix de Pièces Modernes.

LE BŒUF GRAS,
VAUDEVILLE EN DEUX ACTES.

C. T.

936—937.

PARIS.
C. TRESSE, ÉDITEUR,
ACQUÉREUR DES FONDS DE J.-N. BARBA ET V. BEZOU,
SEUL PROPRIÉTAIRE DE LA FRANCE DRAMATIQUE,
PALAIS-ROYAL, GALERIE DE CHARTRES, Nos 2 ET 3,
Derrière le Théâtre-Français.

1845.

LE BŒUF GRAS

VAUDEVILLE EN DEUX ACTES,

PAR M. PAUL DE KOCK,

Représenté pour la première fois, à Paris, sur le théâtre du Palais-Royal,
le 3 février 1845.

Personnages.	Acteurs.
BOUFFI DE PERDREAUVILLE, provincial............	MM. LEVASSOR.
CHICONARD, peintre d'enseignes......................	LEMÉNIL.
LABATTIS, garçon boucher.............................	L'HÉRITIER.
SAFRAN, teinturier..	DUBLEIX.
M. MOLLET, vieux bonnetier...........................	GRASSOT.
TROUTROU, apprenti bonnetier........................	Mmes ALINE DUVAL.
Mme GALANTINE, charcutière..........................	DUPUIS.
SCABIEUSE, fleuriste......................................	DEBEER.
BIBI, modiste..	JULIETTE.
FOUINE, fille de Mollet..................................	DURAND.
HOMMES ET FEMMES.	

ACTE PREMIER.

Un carrefour. — A gauche, un magasin de fleurs ; plus haut, un café. — A droite, une modiste, puis un hôtel garni.

SCÈNE I.

SCABIEUSE, BIBI, puis LABATTIS et SAFRAN.*

SCABIEUSE et BIBI, des cartons à la main; chacune sort de son magasin.

AIR de la Chasse.

En route! (bis.)
C'est amusant, car le matin,
Nul doute (bis.)
Qu'on n'fass' des conquêt's en chemin !
Enjôleurs,
Séducteurs,
Suiv'nt les grisettes
Et les fillettes...
En portant ses cartons
On en trouv' de tout's les façons !

* Bibi, Scabieuse.

BIBI.
Tiens ! voilà Scabieuse qui sort aussi de son magasin.

SCABIEUSE.
Nous ferons route ensemble, et nous jaserons de nos conquêtes.

BIBI, à mi-voix.
Ah ! ma chère amie... je pense toujours à mon monsieur d'avant-hier, au bal Vivienne ! Je crois que c'est un personnage très huppé.

SCABIEUSE.
Et moi, mon inconnu du Prado... je le suppose grand seigneur... Il m'a payé trois bavaroises, ma chère... C'est un autre genre que ce petit Safran !

BIBI.
Le mien m'a forcée de prendre quelques petits verres d'huile de rose ! C'est autre chose que ce joufflu de Labattis!

LABATTIS, paraissant au fond, à droite.
Viens donc, Safran, je te dis que nos belles sont sorties de leurs comptoirs. (Safran paraît.)

SCABIEUSE.
Safran! (A part.) Moi qui voulais l'éviter!
BIBI, à part.
Labattis!... ah! quel embêtement!
SAFRAN, s'avançant avec Labattis.
Salut, mesdemoiselles!... vous avez de bien belles couleurs, à ce matin!
LABATTIS.
Vous êtes aussi fraîche que la brebis que j'ai tuée avant-z'hier.
SCABIEUSE.
Comment, c'est vous, monsieur Safran... vous n'êtes pas à vos teintures chez votre dégraisseur?
SAFRAN.
Mamselle, c'est aujourd'hui mardi gras, et dans les jours gras, on ne dégraisse pas... au contraire.
BIBI.
Et vous, monsieur Labattis, est-ce que vous ne vendez pas de côtelettes, aujourd'hui?
LABATTIS.
Tout est déjà vendu... Il ne nous reste plus un gigot... Il n'y a plus de bête à tuer... c'est pour ça que je suis libre.
BIBI.
Je vais porter un chapeau qu'on attend...
SCABIEUSE.
Et moi un bouquet pour une écuyère du Cirque... Au revoir, messieurs...
(Elles remontent.)
SAFRAN, l'arrêtant.**
Un instant, mamselle, on ne file pas comme ça!...
LABATTIS, qui a retenu Bibi.
Bibi, il me faut une explication... Depuis hier, vous me battez froid... vous me recevez comme une dix-huitième personne dans un omnibus... 'en demande le parce que?
SAFRAN.
Mademoiselle Scabieuse, je ne suis plus votre petit Safran, dont vous aimiez à porter les couleurs... Depuis dimanche, vous êtes changée avec moi du blanc au chocolat... j'en exige le pourquoi-t-est-ce.
SCABIEUSE.
Mon Dieu, monsieur Safran, voilà bien des raisons!... Après tout, nous ne sommes pas enchaînés l'un à l'autre.
LABATTIS.
Nous devrions nous atteler tous ensemble au char de l'hymen...
BIBI.
Eh bien! si j'ai changé d'idée!... Ne voilà-t-il pas un bel amoureux! qui ne me menait jamais au concert Vivienne ou au bal!
LABATTIS.
Je comptais vous y transporter ce soir... j'en

* Bibi, Labattis, Safran, Scabieuse.
** Labattis, Bibi, Scabieuse, Safran.

avais obtenu la permission de mon boucher, M. Sanzos.
SCABIEUSE.
Nous n'avons pas envie d'aller au bal ce soir... Nous avons à travailler; n'est-ce pas, Bibi?
BIBI.
Oh! oui!... de l'ouvrage très pressante.
LABATTIS.
Oh! c'est pas clair... Bibi, vous avez des tours, des retours et des détours...
BIBI.
Monsieur Labattis, je vous trouve bien mal embouché!
SAFRAN.
Scabieuse! vous m'en faites voir de toutes les couleurs!
SCABIEUSE.
Tiens! vous devez y être habitué... un teinturier!

ENSEMBLE.

LES HOMMES.

AIR du Tourlourou: Promenez-vous.

Quoi! nous vexer,
Nous délaisser!
C'est trop nous offenser!
Quell' trahison!
Mais je réponds
Que j'en aurai raison!

LES FEMMES.
Je veux danser
Et m'amuser,
Dussé-j' vous offenser;
Je trouv' ça bon,
Laissez-moi donc
Et pas tant de raison!

SAFRAN.
Vous êtes une ingrate!
Je dédaign' vos appas!

LABATTIS, à part.
J'lui bris'rais l'omoplate
Si je n'me r'tenais pas!

REPRISE DE L'ENSEMBLE.

LES HOMMES.
Quoi! nous vexer, etc.
LES FEMMES.
Je veux danser, etc.
(Les deux jeunes filles s'éloignent.)

LABATTIS, arpentant le théâtre.*
J'ai envie d'aller me présenter à l'abattoir, en guise de bête à cornes!
SAFRAN, de même.
Il me prend le désir de me plonger dans une de ces marmites où l'on fait bouillir les trottoirs!

* Labattis, Safran.

LABATTIS.
Safran, je crois que nos objets nous trahissent!
SAFRAN.
Ça me fait cet effet-là!... Dis donc, Labattis, veux-tu nous asphyxier?
LABATTIS.
L'odeur du charbon me fait mal à la tête!

SCÈNE II.

LABATTIS, TROUTROU, SAFRAN.

TROUTROU, arrivant en pleurant.

AIR : Au clair de la Lune.

J'sens qu'à forc' de peine,
Je vais fondre en eaux,
Mon nez d' vient fontaine,
Et mes yeux, ruisseaux!
Etr' traité d'la sorte!...
C'est bien dur, hélas!
D'êtr' mis à la porte
Pour son mardi gras!

SAFRAN.
Tiens! c'est Troutrou, le petit amoureux de la jeune *apprentisse modisse*... Qu'est-ce qu'il a donc, ce pauvre petit Troutrou?
LABATTIS.
Jeune homme, pourquoi répandez-vous la larme dans le quartier?
TROUTROU, pleurant.
Pardil... mon bougeois... vient de me... ficher à la porte!
LABATTIS.
Ah! il vous a fiché.... Quel est ce brutal?
TROUTROU.
M. Mollet, le bonnetier... Tout en mordant aux bas de coton, j'avais lorgné la fille du bourgeois...
SAFRAN.
Ah! la petite Fouine... qui a des yeux de renard...
TROUTROU.
Elle a quinze ans, j'en ai dix-huit... Nous ferions des époux assortis... Et, un beau matin, je dis à M. Mollet : — Voulez-vous que j'épouse Fouine?
LABATTIS.
Tu as cru qu'il te dirait : Tope!
TROUTROU.
Il m'a répondu par un grand coup de poing... avec son pied... et pour que je ne fasse plus de l'œil à sa fille, il l'a mise dans ce magasin, chez la modiste.

SAFRAN.
En voilà une idée!... Pour garantir sa vertu, la mettre dans un magasin de modes!...
TROUTROU.
Aujourd'hui, il m'a surpris griffonnant un petit poulet pour sa fille, il s'est mis en fureur!.. Il m'a encore donné un coup de poing...
LABATTIS.
Toujours avec son pied?
TROUTROU.
Toujours... Et puis, voilà... à la porte... avec mes appointemens d'un mois... sept francs cinquante! (On entend la voix de Chiconard.)
TOUS.
Ah! voilà Chiconard!

SCÈNE III.

LES MÊMES, CHICONARD.

CHICONARD, mis en dandy de faubourg.

AIR du Tra la la.

A la suit' d'un' ribotte,
Un soir, au mont-d'-piété,
J'ai porté ma r'dingotte,
Mais on n'ma rien prêté!
Sur Thérèse, la rousse,
J'espérais trouver mieux,
Mais, voyant sa frimousse,
On m'a dit : C'est trop vieux!
Tra la la la...*

Eh bien! les enfans, qu'est-ce que c'est?...
On ne fait pas chorus avec moi, on ne prête pas son petit ut de poitrine aux amis?
SAFRAN.
Ah! tu es heureux, toi, Chiconard... tu chantes toujours!
CHICONARD.
Écoute donc... on a de quoi! on est le petit enfant gâté de la gloire et des belles!
TROUTROU.
Est-il heureux d'être gâté!
LABATTIS.
Ah! quelle tenue! Plus que ça de chic! T'es donc devenu le *dindi* des peintres d'enseignes?
CHICONARD.
Je vais me lancer... Je vais peindre l'histoire, le portrait et le décor... Je pousserai peut-être jusqu'au bâtiment... Je peins tout, moi!
LABATTIS.
Et tu as du quibus?

* Troutrou, Labattis, Chiconard, Safran.

CHICONARD.

Le produit d'une carotte d'or que je viens de livrer au nouveau débitant de tabac d'à côté... Aussi je me suis donné une pelure entièrement neuve.... Dame! on est en carnaval... Il faut de la tenue pour mener sa belle au bal... Je n'ai pas vu depuis deux jours ma jolie veuve, la séduisante Galantine... Je suis sûr que la charcutière soupire après son Chiconard! Cette femme-là est toquée de moi... Elle m'accable de boudins et de saucisses plates : je nage dans la cochonnaille.

TROUTROU.

Il peut manger du fromage d'Italie à gogo!

CHICONARD.

Et les petits pieds... et les andouilles... Ah! Dieu! quand je serai l'époux de la charcutière, je passerai des jours un peu truffés!

SAFRAN.

Ah! tais-toi, Chiconard!... ce tableau du bonheur... quand nous sommes si aplatis!

CHICONARD.

Que vous est-il arrivé?

LABATTIS.

Bibi m'a cherché une mauvaise querelle... Elle refuse de polker ce soir avec moi.

SAFRAN.

Scabieuse m'en a fait autant!

TROUTROU.

M. Mollet m'a mis à la porte !

CHICONARD.

En voilà, des jours gras!.. Je r'arrangerai tout ça... Je vais voir Galantine... Elle est fort liée avec vos belles, elle saura la cause de ce caprice... elle les ramènera sur votre sein.

SAFRAN.

Ah! Chiconard!.. si tu fais ça, je te paie une chope pour nous deux!

LABATTIS.

Et moi je te paie le passage du pont des Arts!

CHICONARD.

Merci! oh! je ne veux pas te mettre en frais!

TROUTROU.

Et moi, Monsieur Chiconard, qui suis sur le pavé!..

CHICONARD.

Toi, jeune Troutrou, je te ferai mon rapin... un état superbe! Tu essuieras ma palette... Mais j'entends Galantine... Entrez à ce café, attendez-y la fin de notre entretien... Je vous permets même de l'écouter... Vous verrez comme cette femme-là en tient pour moi!

ENSEMBLE.

AIR : *Pantalon, jolie fille.*

Pour calmer notre chagrin,
Allons au café, soudain,
Prendre avec le bain de pied
Le petit verre de l'amitié!

(Ils entrent au café.)

SCÈNE IV.

CHICONARD, GALANTINE.

GALANTINE, *entrant par la droite sans voir Chiconard.*

Enfin j'ai un moment à moi... Je vais aller me choisir un costume ravissant pour le bal de cette nuit, où j'ai donné rendez-vous à ce brillant inconnu dont j'ai fait la conquête, et que je suppose être quelque sultan déguisé... Que sait-on! c'est peut-être un de ces chefs arabes venus à Paris pour se refaire un sérail...

CHICONARD, à part.

Elle ne me voit pas... mais je suis sûr qu'elle rêve à moi... Pauvre poupoule!

GALANTINE, à part.

Je n'ai pas dit à ce monsieur que j'étais une charcutière... fi donc! Il me croit comtesse... rien que ça!

CHICONARD', à part.

Elle pense trop à moi... Il faut que je me montre... (S'avançant.) Bonjour, séduisante amie...

GALANTINE.

Ah! mon Dieu! monsieur Chiconard!... (A part.) Quelle tuile!

CHICONARD.

Oui, belle charcutière, moi-même que vous n'avez pas vu depuis deux jours.

GALANTINE.

En effet, je vous croyais parti pour le Maroc.

CHICONARD.

Excusez-moi... Je comptais vous mener au bal avant-hier, mais une indisposition subite... (A part.) de mon gousset... (Haut.) et, puis, des travaux en masse!... Mais me revoilà, et plus tendre, plus amoureux que jamais!

GALANTINE.

Il ne fallait pas vous gêner pour revenir... On a ses affaires, on les fait... c'est tout simple...Faut pas s'excuser pour si peu...

CHICONARD, à part.

Tiens! de quel ton me dit-elle ça! (Haut.) Galantine, vous m'en voulez, chère amie, je le vois bien. Il y a de la bouderie dans ce petit cœur... On veut me punir de deux jours d'absence.

GALANTINE.

Votre absence!... Ah! je ne m'en suis seulement pas aperçue!

CHICONARD.

Pas aperçue!... Galantine! le mot est dur... Il ne sort pas de votre bouche.

GALANTINE.

Est-ce qu'il croit que je parle du nez?

CHICONARD.

Galantine! je vous trouve changée à mon désavantage... Est-ce une gageure, une pariure? Je veux le mot de cette charade.

GALANTINE.

Vous voulez, vous voulez... Mais, monsieur Chiconard, vous le prenez sur un ton qui m'écorche les oreilles !

CHICONARD.

Je tombe de l'obélisque !

AIR : Quoi, Lisette, etc. (Amédée de Beauplan.)

Galantine, est-ce vous
Qui faites cette tête?
Vos yeux toujours si doux
Annoncent la tempête !
Non, non, non, non,
Vous n'êtes plus ma minette !
Je ne reconnais plus mon bijou, mon tendron...
Non, non, non, non, non, non,
Je n'suis plus vot' bichon !

GALANTINE.

Même air.

Mes pieds, dans le satin,
Veul'nt fouler l'écarlate ;
J'veux aller en sapin,
Vous me menez à patte !
Non, non, non, non,
Quoiqu' votre amour me flatte,
Il n'est pas défendu d'avoir de l'ambition,
J'veux aller en coucou, j'veux rouler en wagon !

CHICONARD.

Ah ! c'est comme ça !... C'est-à-dire que vous avez fait quelque autre connaissance, que vous portez vos vues encore plus haut que moi !...

GALANTINE.

Il n'y a pas besoin pour ça de regarder à Montmartre. Mais, après tout, monsieur Chiconard, je ne sais pas pourquoi vous me cherchez querelle... Ne suis-je pas ma maîtresse ?

CHICONARD.

Oh ! c'est trop fort !... Coquette ! perfide ! bacchante !

GALANTINE.

Monsieur, ménagez votre verbe !... Parce que j'ai eu quelques bontés pour cet homme, il se croit le droit de contrôle sur mon cœur !

CHICONARD.

O Galantine ! voyons, que ce nuage crève !... Après la pluie, le beau temps !... Votre cœur ne peut pas rester pour moi comme le théâtre Saint-Marcel !...

GALANTINE.

Ah ! en parlant de temps... moi qui ai trois courses à faire... Au revoir, monsieur Chiconard !

CHICONARD, furieux.

Il paraît que c'est pour tout de bon ? Eh bien ! au revoir, charcutière... Portez-vous bien, charcutière... Mes complimens à vos jambons, à votre saindoux !

GALANTINE, à part.

Ah ! mon Dieu ! si mon noble amoureux l'entendait !

CHICONARD, à part.

Je voudrais pouvoir l'égruger !

AIR du Dieu et la Bayadère.

ENSEMBLE.

Ah ! j'étouffe de colère !
Peut-on, de cette manière,
Se conduire avec moi,
Qui suis de si bonne foi !
Mais de cette indigne offense
Je saurai tirer vengeance,
Et de sa trahison,
Avant peu, j'aurai raison !

GALANTINE.

Il étouffe de colère !
Entre amans, c'est l'ordinaire ;
Mais je veux changer, moi,
Je suis libre de ma foi !
Je ne crains pas sa vengeance,
Et, j'ai bien le droit, je pense,
Pour un oui, pour un non,
De quitter ce furibond !

(Elle sort à droite.)

SCÈNE V.

SAFRAN, CHICONARD, LABATTIS, TROUTROU, puis FOUINE.*

CHICONARD.

Oh ! les femmes ! les femmes ! Je voudrais en faire une marmelade ! Je m'arracherais les cheveux... si on ne m'avait pas frisé ce matin !

LES TROIS AMIS, qui ont paru pendant la fin de l'ensemble, riant.

Ah ! ah ! ah !... ce pauvre Chiconard !

SAFRAN.

Salut au favori des belles !

LABATTIS.

Dis donc, Chiconard, il me semble que tu as amené le même numéro que nous.

CHICONARD.

Vous l'avez entendue, cette ingrate ! Messieurs je crois qu'il y a quelque chose dans l'air qui aura dérangé la cervelle de ces dames.... c'est une grippe qui court... Car, enfin, nous n'avons rien perdu de nos avantages, nous sommes toujours

* Safran, Chiconard, Labattis, Troutrou.

aussi jolis garçons... moi surtout.. Qui diable peut les avoir changées ainsi ?
FOUINE, qui est sortie de son magasin, s'approchant.*
Je vais vous le dire, moi.
TOUS.
La petite Fouine !
TROUTROU.
Mamselle Fouine ! mon objet !... O mamselle, si vous saviez !...
FOUINE.
Que mon père vous a mis à la porte... je le sais !... Est-ce que je n'entends pas tout ce qui se dit près de la boutique? J'ai cassé exprès un carreau contre la place où je suis assise, afin de mieux écouter... Mon père m'a dit qu'il me mettait dans un magasin de modes pour mon instruction... Si je n'écoutais pas, je ne m'instruirais pas assez !...
CHICONARD.
Elle est remplie de dispositions, cette petite ! Elle aurait dû se faire tireuse de cartes !
TROUTROU.
Oh ! êtes-vous fine, mamselle Fouine !
FOUINE.
Vos trois amoureuses ont été passer la nuit à trois bals différens... Chacune d'elles a fait une conquête superbe... et elles ont donné un rendez-vous pour ce soir, à l'Opéra.
LABATTIS.
Si nous les rossions ?
CHICONARD.
Contenez Labattis !... Mais, où trouver nos rivaux pour leur jeter au visage notre gant... avec notre main dedans ?
FOUINE.
Oh ! je vous les ferai connaître, moi.
TOUS.
Pas possible !
CHICONARD.
Voyons, jeune Bohémienne... nos rivaux.... nommez-les tous ?
FOUINE.
Tous... Ah ! ça ne sera pas difficile... Ils sont un !
CHICONARD.
Un pour chacune de nos traîtresses... Parbleu ! c'est bien assez !
FOUINE.
Mais non !... il n'y en a qu'un pour elles trois.
LABATTIS.
Un pour elles trois !... Quels abattis !
FOUINE.
C'est le même individu, qui, dans chacun de ces bals, a fait la conquête d'une de vos amantes.
CHICONARD.
Ah ! nos belles se sont blousées, tant mieux ! nous forcerons le particulier à caramboler.

* Safran, Chiconard, Fouine, Labattis, Troutrou.

SAFRAN.
Elles ne le savent donc pas ?
FOUINE.
Non... elles n'étaient pas ensemble... et le monsieur ne leur a pas dit son nom.
TROUTROU.
Comment savez-vous tout cela, mamselle Fouine ?
FOUINE.
Ah ! voilà !... L'individu aux trois conquêtes loge là... C'est un nouveau débarqué de province... J'ai été, hier, essayer une toque à la maîtresse de l'hôtel, ce monsieur parlait d'une comtesse, d'une baronne, d'une marquise... Ce sont les titres que prennent vos belles quand elles vont au bal masqué.
CHICONARD.
As-tu fini !... des comtesses ! des baronnes !... Si ça ne fait pas pitié !... Et le nom du particulier ?
FOUINE, cherchant.
M. Bouffi de... de...
LABATTIS.
De quoi ?... de quoi ?...
FOUINE.
De Perdreauville... Figure de bélier, tournure de singe...
LABATTIS.
Total : un serin !
CHICONARD.
Oh ! Bouffi !... on lui enlèvera le ballon !
LABATTIS.
Suffit ! nous savons que c'est notre rival... il est là, dans cet hôtel, je vais monter l'assommer !*
CHICONARD, l'arrêtant.
Il est étonnant, lui !... il ne connait que ça : assommer !... Il faut d'abord essayer des moyens plus doux... Nous sommes en carnaval, je conçois les projets les plus polichinels !... Il faut que nous passions le mardi gras le plus voluptueux, et que ce soit M. Bouffi qui paie tout ça !... D'abord, je ne m'appelle plus Chiconard, je veux aussi faire ma poussière !... je suis le vicomte de Flouenski, entrepreneur de chemins de fer, à cheval... Mais il me faudrait au moins un groom !...
TROUTROU.
Me voilà, moi, si j'avais le costume...
LABATTIS.
Je peux te prêter une culotte de peau, qui vient de ma bourgeoise, qui est en daim.
SAFRAN.
Moi, je viens justement de dégraisser une veste rouge.
CHICONARD.
Bravo ! superbe !
FOUINE.
Oh ! monsieur Troutrou, serez-vous gentil en groom !

* Safran, Chiconard, Labattis, Fouine, Troutrou.

TROUTROU.
Je viendrai me promener devant votre magasin... Ah! mon Dieu! v'là M. Mollet, mon ex-bourgeois!...

CHICONARD.
Vous autres, allez costumer Troutrou... petite Fouine, à votre boutique... moi, j'entre au café, d'où je guetterai notre homme et nos donzelles.

FOUINE.
Moi, j'ai mon petit carton, je suis censée en course.

ENSEMBLE.

AIR : Finale Théâtre et Cuisine.

Vite! il ne faut pas
Que le papa nous voie ensemble,
Ce s'rait sur les bras
Se mettre un nouvel embarras!
Mais, dans un moment,
Il faut ici qu'on se rassemble
Pour savoir comment
Nous agirons sur le quidam.

(Les hommes entrent au café. Fouine se rapproche de sa boutique et prend un carton qu'elle avait déposé près de la porte.)

SCÈNE VI.

FOUINE, MOLLET.**

MOLLET, sans voir sa fille; il entre par la gauche.
Ah! ma foi, c'est désagréable de sortir un mardi gras... on rencontre tant de monde!... Et puis, tous ces polissons qui crient à la chienlit!... Je crois toujours que c'est après moi... d'autant plus que j'ai mangé ce matin des choux... dont je suis bien mécontent!

FOUINE, à part.
N'ayons pas l'air de le voir.

MOLLET.
A propos de choux... il faut que je parle à ma fille, elle doit être à son magasin... Oh! c'est sage, c'est rangé, ça travaille toute la journée comme une vraie fourmi! Tiens! n'est-ce pas elle qui sort de chez sa modiste?...

FOUINE, en marchant.
Allons porter ce bonnet... madame m'a dit de ne pas m'amuser...

MOLLET.
Parbleu! il faut que je voie si elle profite des conseils que je lui donne... Feignons ma voix!
(Il marche derrière sa fille en chantonnant.)

* Safran, Chiconard, Labattis, Troutrou, Fouine.
** Mollet, Fouine.

Quand on sait aimer et plaire,
A-t-on besoin...
Voilà une jolie tournure de jeunesse!...
(Il lui prend la taille.)

FOUINE, marchant sans se retourner.
Monsieur!... laissez-moi tranquille, je vous en prie, et passez votre chemin!

MOLLET.
Un mot, jolie fillette!...

FOUINE.
Ah! c'est comme ça! (Elle lui allonge un grand coup de pied dans les jambes.—Mollet pousse un cri.—Elle se retourne.) Ah! mon Dieu! c'est vous, mon petit père!

MOLLET, se tenant la jambe.
Oui, mon enfant... Oh! je suis bien content!... Aïe! aïe!... Je suis enchanté de la manière dont tu reçois les galans... Oh! le tibia! Embrasse-moi, ma fille... tu es la sagesse même! J'en boiterai quelque temps, mais c'est égal.

FOUINE.
Vous vouliez donc m'éprouver?

MOLLET.
Certainement!... Peste! quelle ruade!... je puis dire que tu es un cheval pour la vertu!

FOUINE.
Est-ce que vous veniez au magasin?

MOLLET.
Oui. Je voulais d'abord t'apprendre que j'ai mis Troutrou à la porte! Je l'ai chassé ignominieusement!

FOUINE.
Pourquoi donc cela, mon petit père?

MOLLET.
Parce qu'il se permettait de t'écrire des billets doux... que tu n'aurais pas reçus, j'en suis persuadé... mais c'est égal, ma dignité de père m'ordonnait de le flanquer dehors... et s'il venait rôder près de toi, reçois-le comme tu m'as reçu tout à l'heure... je te réponds qu'il en aura bien vite assez!... Ah! je suis bien contrarié d'avoir mangé des choux aujourd'hui! Ah! bigre!

FOUINE.
Troutrou a cependant des qualités!

MOLLET.
Qu'il ne soit plus question de ce drôle!.. J'ai, ma fille, une autre nouvelle à t'apprendre, qui va te navrer de plaisir... Je t'ai dit que je voulais te marier à un de mes amis de province... Eh bien! il vient à Paris!

FOUINE.
Ça m'est bien égal!

MOLLET.
D'après sa lettre, il devrait être arrivé depuis trois jours. Je m'étonne de ne l'avoir pas encore vu... Je crains qu'il ne se soit perdu à Paris... C'est si grand, surtout depuis qu'on a dallé les boulevarts!... Et je vais aller aux messageries

Laffitte et Caillard m'informer de M. Bouffi de Perdreauville...

FOUINE, vivement.

Bouffi!.. Comment dites-vous, mon père?

MOLLET.

De Perdreauville... C'est le nom de ton futur... un garçon qui a fait une jolie fortune dans les avoines... Oh! tu ne mourras pas de faim avec lui!

FOUINE, à part.

C'est la conquête de ces dames... Oh! la bonne découverte!...

MOLLET.

AIR : Jadis et aujourd'hui.

Le monsieur que je te destine
S'appelait simplement Bouffi ;
Devenu riche, j'imagine
Qu'un nom pour lui n'a pas suffi...
Bien des gens, qui n'ont point de terre,
Un beau jour en prennent le nom ;
C'est un cadeau qu'on peut se faire,
Et ça n' pai' pas d'imposition.

Quant à mon futur gendre... oh! il est fort à son aise... Quelqu'un m'a affirmé, mais cela me semble bien invraisemblable, que M. Bouffi étoit à Paris depuis plusieurs jours, et que même on l'avait vu dans plusieurs bals publics, où il se livrait à tous les égaremens du carnaval... Ah! si je le savais!.. Mais non, ce doit être une colle!

FOUINE, à part.

C'est l'homme aux trois bals! Oh! comme nous allons le faire aller!.. (Elle sautille.)

MOLLET.

Qu'est-ce que tu as donc, Fouine? tu danses dans la rue?

FOUINE.

Non, mon papa... c'est un chien qui voulait me mordre... Tenez, le voyez-vous qui court là-bas?..

MOLLET.

Ah! un caniche... Non, je ne le vois pas... De quel côté vas-tu? Je pourrai peut-être t'accompagner...

FOUINE.

Oui, oui, avec plaisir... Ah! mais non, je me rappelle que j'ai oublié un nœud de ruban pour mettre derrière le bonnet que je porte; je vais le chercher.

MOLLET.

Alors, je te dis adieu, et je vais aux messageries m'informer de mon gendre. Au revoir, Fouine... Sois toujours bien sage, bien sévère...

FOUINE.

Ça suffit, mon petit père.

MOLLET, s'en allant par la gauche.

Ah! sapristi! que c'est bête!.. on ne devrait faire manger des choux qu'aux lapins!

(Il s'éloigne en se tenant le ventre.)

FOUINE.

Apprenons bien vite cette nouvelle à M. Chiconard. (Elle sort à gauche.)

SCÈNE VII.

BOUFFI, sortant de l'hôtel à droite. Costume à la mode, très chargé. — A la cantonade.

Oui, ma chère hôtesse.... Si on me demande, vous direz que je n'y suis pas... Vous direz même que je suis sorti... (Il avance en scène.) Ma foi! vive Paris! vive le carnaval! vive la liberté! vive tout!... Il faut avouer que j'ai eu une excellente idée de ne pas me rendre tout de suite, en arrivant, chez mon futur beau-père, M. Mollet... Au moment de partir, je me fais ce raisonnement : Comment, toi, Bouffi de Perdreauville... tu vas à Paris pour la première fois, et, au lieu de jouir des plaisirs qu'offre cette capitale, tu irais tout de suite te cloîtrer et te marier!... Ah! non! par exemple!.. Ah! non!.. tu as le temps de te lier... Et quand tu donnerais une semaine aux amours et aux voluptés, ce ne serait pas trop... Que diable! quand on est riche, beau et jeune, il faut jouir de ses avantages... Avec ça que nous sommes justement en carnaval... l'époque des jubilations!.. Et je dis que j'ai joliment commencé... M'en suis-je donné dans ma nuit d'avant-hier!... Quel début! Trois conquêtes! rien que ça!.. C'est pour en mourir!.. Je suis enchanté de mes triomphes!

SCÈNE VIII.

BOUFFI, CHICONARD.*

CHICONARD, sortant du café, à la cantonade.

C'est bien!... ça suffit!... faites votre partie... Je parie dix napoléons pour Alexandre... je parie vingt napoléons, si on les tient.

BOUFFI, à part.

On a parlé de Napoléon... est-ce qu'il ne serait pas mort?

CHICONARD, de même.

Ah! si vous voyez mon groom, envoyez-le-moi... Je lui avais dit d'aller ferrer mon étalon, et le drôle ne revient pas!

* Chiconard, Bouffi.

ACTE I, SCÈNE VIII.

BOUFFI, à part.

Ah! c'est ce monsieur... il a fort bon genre.. (Chiconard descend la scène, Bouffi remonte ; ils se heurtent.) Il paraît qu'il a l'étalon ferré!

CHICONARD.

Ah! monsieur, mille pardons! je ne vous avais pas aperçu... je suis un grand bélître!... Vous aurais-je blessé?

BOUFFI.

Au contraire, monsieur... c'est moi qui suis dans mon tort... de me trouver sur votre chemin... je flanais... J'habite cet hôtel... je ne suis à Paris que depuis trois jours...

CHICONARD.

Seriez-vous ce riche négociant qui a fait dans les avoines... une fortune *conséquente*?

BOUFFI.

C'est moi-même.

CHICONARD.

Monsieur Bouffi de Perdreaurouge...

BOUFFI.

Ville... Perdreauville... Précisément... Mais je ne croyais pas qu'à Paris... Comment avez-vous su mon arrivée?

CHICONARD.

A la Bourse... Oh! dès qu'il arrive dans la capitale un personnage... marqué... ça se sait tout de suite!

BOUFFI.

Vraiment! on a su mon arrivée à la Bourse?.. Est-ce que j'ai été coté?

CHICONARD.

Oh! vous avez fait monter les fonds... Vous venez pour vous marier, pour épouser la fille d'un gros bonnetier, M. Mollet...

BOUFFI.

C'est ça même... Oh! c'est extraordinaire, comme je suis connu!

CHICONARD.

Oh! d'abord, moi, je suis répandu dans le monde, dans la haute société... je roule tellement dans Paris!...

BOUFFI.

Puis-je savoir à qui j'ai l'honneur...

CHICONARD.

Le vicomte Flouenski, membre honoraire du jockey-club de Cracovie... chevalier de l'ordre du Saucisson de Bologne... enfin, un million à manger par an... sans compter le tour du bâton!

BOUFFI, à part.

Un million de saucissons à manger par an!... bigre! c'est magnifique! (Haut.) Monsieur de Flouenski, enchanté d'avoir fait votre connaissance!

CHICONARD.

Touchez là, monsieur de Perdreaurouge... Entre gentilshommes de notre sorte, il n'y a que la main... Tenez, vous m'allez... Je me suis dit tout de suite, en vous voyant : Palsambleu! voilà un gaillard qui doit être un viveur dans mon genre... un amateur des plaisirs et des belles!

BOUFFI.

C'est ça même... Vous m'auriez fait, que vous ne m'auriez pas mieux deviné... Figurez-vous...

CHICONARD.

Et vous voulez passer joyeusement votre carnaval! Car je pense que vous n'allez pas vous marier tout suite, au débotté... Il faut d'abord prendre langue, comme on dit... Et d'ailleurs, qui est-ce qui vous presse d'épouser Mlle Mollet... qui n'en a peut-être pas... Eh! eh! eh!...

BOUFFI, riant.

Ma foi! au fait, je ne les ai pas vus, je ne la connais pas... Ah! ah! ah! je ne connais le papa Mollet que par correspondance et relations commerciales... Vous saurez donc qu'avant-hier, dimanche gras, pour bien employer ma nuit, je n'en ai fait ni une ni deux... je suis allé tout de suite à trois bals, et dans chacun d'eux j'ai fait une conquête.

CHICONARD.

Bravo! beau début, ma foi! et qui promet! Et des femmes un peu chiquées?... Je veux dire, ayant du bagou?

BOUFFI.

Oh! mieux que ça!... des femmes nobles, titrées... La marquise de Pouffignac, la baronne de Blaguinska et la comtesse de Croutezakoff... une belle brune, aux yeux verts.

CHICONARD.

Elle a donc levé son masque?

BOUFFI.

Il a bien fallu!... Je lui ai payé trois riz.... un au maigre et quatre au gras... Cette femme-là adore les jeux et les ris.

CHICONARD, à part.

C'est Galantine! hum! la guenlarde! je la reconnais!

BOUFFI.

Chacune d'elles m'a donné rendez-vous pour cette nuit, à l'Opéra, au foyer, devant la cafetière...

CHICONARD.

Vous voulez dire : la limonadière... Diable! diable! je comprends votre embarras... vous ne pouvez pas être partout... On se met bien en quatre quelquefois, mais en trois c'est plus difficile. Si vous saviez l'adresse de vos conquêtes, vous leur enverriez d'autres rendez-vous...

BOUFFI.

Certainement... mais je ne la sais pas.

CHICONARD.

Soyez tranquille, mon jockey connaît toute la valetaille des grandes maisons de Paris... il aura bien vite découvert leurs demeures.

BOUFFI.

Mais ce n'est pas tout... je vous dirai franchement qu'en arrivant à l'époque du carnaval, j'espérais contenter un désir que je nourris depuis que j'ai quitté ma nourrice... c'est de voir le bœuf gras.

CHICONARD.
Vous avez envie de voir le bœuf gras?...

BOUFFI.
Je serais enchanté de faire une fois partie du cortége du susdit bœuf.

CHICONARD.
En vérité !... (A part.) Tiens! ça pourra joliment nous servir, ça!

BOUFFI.
Ce serait peut-être inconvenant, dans ma position, hein?

CHICONARD.
Mais pas du tout !... Savez-vous comment se compose le cortége du bœuf?... Ce sont presque tous des fils de grands personnages... des hommes de lettres, des banquiers, des peintres d'enseignes... la plus belle société de Paris.

BOUFFI.
Oh! alors, ça redouble mon désir d'en faire partie... Est-ce difficile?

CHICONARD.
Hum! je ne vous cacherai pas qu'il faut des protections; mais, avec la mienne, cela ira tout seul... Je suis très lié avec le bœuf gras.

BOUFFI.
Ah! monsieur de Flouenski, vous me comblez...

∞∞∞∞∞∞∞∞∞∞∞∞∞∞∞∞∞∞∞∞∞∞∞∞∞∞∞

SCÈNE IX.

BOUFFI, CHICONARD, SAFRAN, LABATTIS. *

SAFRAN et LABATTIS, arrivant par la gauche.
Nous voilà, nous autres !

SAFRAN, à Chiconard.
Eh bien! cher ami... qu'est-ce que tu nous feras faire dans ce que tu manigances?

CHICONARD, à part.
Ah! bigre! Labattis et Safran dans leur tenue commerciale !... ils vont tout gâter!

BOUFFI.
Qu'est-ce que c'est donc que ces deux personnages-là?

CHICONARD, haut et faisant des signes aux autres.
Ah! c'est vous, messieurs... Oh! parbleu ! vous êtes fort bien comme cela... Vos costumes sont d'une vérité !...** C'est au point, qu'au premier moment, je ne vous reconnaissais pas.

LABATTIS, à part.
Qu'est-ce qu'il dit donc?

* Labattis, Safran, Bouffi, Chiconard.
** Labattis, Safran, Chiconard, Bouffi.

CHICONARD.
Messieurs, voilà M. Bouffi de Perdreaurouge... si connu dans les avoines... Monsieur de Perdreaugris, je vous présente (Montrant Safran.) le chevalier de Haute-Tige, et (Désignant Labattis.) M. de Carpentras... tous les deux se sont déguisés de bonne heure, parce que tous deux feront aujourd'hui partie du cortége du bœuf gras... N'est-il pas vrai ? (Il pousse du coude Safran.)

SAFRAN.
Du bœuf gras... certainement je suis de sa suite... de sa suite, j'en suis... (A Labattis.) N'est-ce pas, marquis ?

LABATTIS.
Un peu, mon neveu !

CHICONARD, à Bouffi.
Comment trouvez-vous que ces messieurs sont déguisés ?

BOUFFI.
Parfaitement! oh! c'est d'une exactitude...' c'est-à-dire, qu'au premier abord j'aurais juré que monsieur était boucher et monsieur teinturier.

CHICONARD.
N'est-ce pas ?

BOUFFI, regardant les mains de Safran.
Jusqu'aux mains que monsieur a teintes...Voyez donc !

CHICONARD.
Ah ! il faut ça... ça fait partie du costume... A Paris, quand on se déguise, on ne néglige aucun détail.

BOUFFI, allant à Labattis.**
Et le tablier!... le fusil !... jusqu'à une odeur de côtelette qu'on respire près de monsieur... Ça donne envie... (A part.) de ne pas en manger... (Haut.) C'est délicieux !... Ah ça ! et moi, comment me mettrai-je pour suivre le bœuf ?

CHICONARD.
Ah! il faut d'abord vous faire admettre... Messieurs, voilà M. Bouffi de Perdreaurouge qui désire faire partie du cortége... Pouvez-vous l'y faire recevoir ? (Il leur fait des signes.)***

LABATTIS.
Mais, oui, ça pourra s'arranger... Je vais en parler au chef de la cavalcade, au fameux Roland... Et, tenez, je me rappelle que l'enfant qui devait faire l'Amour a une fluxion... Monsieur pourrait le remplacer.

CHICONARD.
Oh! charmant ! vous doublerez l'Amour... ce qui vous permettra d'aller en char... et peut-être de monter sur le bœuf !

BOUFFI.
Vraiment ? je monterais sur le bœuf... j'aime

* Labattis, Safran, Bouffi, Chiconard.
** Labattis, Bouffi, Safran, Chiconard.
*** Labattis, Bouffi, Chiconard, Safran.

autant aller en char... Mais, dites-moi? ne me trouvera-t-on pas trop grand pour faire l'Amour?
CHICONARD.
Pourquoi? il y a des amours de toutes les tailles...
SAFRAN.
Et de tous les âges.
BOUFFI.
Au fait, c'est vrai... l'amour a le droit de grandir... Allons, c'est décidé, je fais Cupidon! J'espère que je m'en donne à Paris! O gueux que je suis!... Si le père Mollet savait ça!
CHICONARD.
Maintenant, arrivons à vos trois conquêtes... Vous permettez que j'en parle devant ces messieurs?
BOUFFI.
Comment donc! mais je m'en fais gloire!
CHICONARD.
Vous allez écrire un billet à chacune d'elles... Deux mots au crayon suffiront... Vous leur donnerez rendez-vous, ce soir, à dix heures, sur la place du Chevalier-du-Guet... c'est le plus joli endroit de Paris... celui où se donnent toujours les rendez-vous galans... N'est-ce pas, messieurs?
LABATTIS.
C'est aussi gai que le passage Vendôme.
BOUFFI.
Ah! mais, dites donc! je crois que mon futur beau-père demeure là.
CHICONARD.
Qu'importe! à cette heure-là, il sera couché.
BOUFFI.
Au fait, il sera couché.
CHICONARD.
Écrivez tout de suite les trois poulets... Avez-vous un calepin?
BOUFFI.
Oh! toujours. Un négociant sans calepin, c'est un porteur d'eau sans seaux.
CHICONARD.
M. de Haute-Tige va vous prêter son dos pour écrire.
BOUFFI.
Oh! je ne voudrais pas me permettre...
SAFRAN.
Ne vous gênez pas... En carnaval, ça se fait.
(Il tend son dos.)*
BOUFFI, détachant une feuille de son calepin.
M'y voici... Que faut-il écrire?
CHICONARD.
A Mme Croutezakoff, d'abord. « Belle com- » tesse, je vous attends ce soir, à dix heures, » place du Chevalier-du-Guet... Je serai masqué » et en sauvage... ne le soyez pas pour moi. »
BOUFFI.
Oh! très joli! ravissant!.. (A Safran.) Baissez votre tige, s'il vous plaît!

* Labattis. Troutrou, Bouffi, Chiconard, Safran.

CHICONARD.
« Je vous mènerai souper à la Maison dorée... » de la barrière des Martyrs... et, de là, nous » irons au bal... Votre adorateur de dimanche. »
BOUFFI.
De dimanche.
CHICONARD.
Surtout, ne signez pas... Dans les aventures galantes, il ne faut jamais donner son nom.
LABATTIS.
Sans quoi, on risque de se faire désosser.
BOUFFI.
Il est charmant!... Il prend le langage d'un boucher... Ah! ah! ah!
CHICONARD.
Maintenant, à Mme Pouffignac : « Superbe » marquise, je vous attends ce soir, à dix heures, » place du Chevalier-du-Guet... »
BOUFFI.
Ah! bien!... la même chose...
CHICONARD.
« Je serai masqué et en débardeur... »
BOUFFI, écrivant.
Ne le soyez pas pour moi.
CHICONARD.
Ah! non... ça ne va plus... « Ne soyez pas » masquée... » Et la suite, comme à l'autre, ibidem.
BOUFFI, à part.
Bidem! Fichtre! il parle latin! (Haut.) Ça y est... Maintenant à la baronne de Blaguinska... Toujours bidem?
CHICONARD.
Oui... Seulement, un autre costume... « Je se- « rai en Turc. »
BOUFFI.
« En Turc... » Bon! ça va en croissant... Voilà les trois poulets... Je vous avouerai, à présent, que je ne comprends pas du tout comment je pourrai être à la fois, et à la même heure déguisé en Turc, en sauvage et en débardeur... Ça me semble d'une difficulté...
CHICONARD.
Suivez-moi bien... Vous prendrez un de ces trois costumes, celui que vous voudrez... Moi et un de ces messieurs, nous mettrons les autres. Nous nous rendrons, ainsi masqués, au rendez-vous... Suivez-moi toujours... Chacune de vos belles croira que c'est vous qui êtes avec elle... Nous les menons chez le traiteur... Vous m'avez suivi?...
BOUFFI.
J'essuie vos pas.
CHICONARD.
Là, vous voyez quelle est celle des trois que vous préférez... Vous emmenez celle-là au bal, et vous nous laissez les deux autres.

BOUFFI.

Oh! délicieux!... Nous irons ensemble, masqués, et chacune de mes belles croira m'avoir à son bras... C'est du Richelieu tout pur... Pauvres femmes! comme nous les trompons!

SCÈNE X.

LES MÊMES, TROUTROU, en groom.

TROUTROU, en entrant.

AIR : De la Petite Poste de Paris.

J'avais couru fort, Dieu merci!
Mon raté était enflée aussi!
J'avais parcouru tout Paris
En demandant à vos amis
Si je trouverais pas ici
Le vicomte de Floucusky.

CHICONARD.

Ah! voilà mon groom Pouding... Tiens, voilà trois billets que tu vas porter dar dar...

BOUFFI, à Safran.

Dar dar... C'est de l'anglais...

CHICONARD, bas, à Troutrou.

Invente les adresses. (Haut.) Tu dois savoir les adresses de ces dames?

BOUFFI.

La comtesse Croutezakoff?...

TROUTROU.

Brise-Miche street, maison du marchand de vin.

CHICONARD.

C'est l'habitude à Paris... Les dames un peu répandues logent toujours chez les marchands de vin.

LABATTIS.

C'est plus commode pour avoir des huîtres.

BOUFFI.

Et la marquise de Pouffignac?...

TROUTROU.

Square du Caire.

CHICONARD.

C'est place du Caire... C'est le quartier de la noblesse... Et la baronne Blaguinska?

TROUTROU.

Tunnel Brady... boulanger house.

BOUFFI.

Oh! je comprends!... Boulanger house... C'est plus commode pour avoir des flûtes... Et chacune dans son hôtel, sans doute?

TROUTROU.

Yes, hôtel garni.

CHICONARD.

Maintenant, ne nous occupons plus que du bœuf gras... Pendant que M. de Perdreaurouge s'habillera en Amour chez un des premiers costumiers de Paris, nous irons parler aux chefs de la cavalcade.

LABATTIS.

Et le souper... Il faut le commander d'avance...

SAFRAN.

Et faire retenir une salle.

CHICONARD.

Pouding se chargera de tout cela... Seulement l'usage est de payer en commandant...

(Il fait le geste de fouiller à sa poche.)

BOUFFI, s'opposant.

Laissez donc, je vous en prie... Tenez, petit Pouding, voici ma bourse... En général, je paie toujours en commandant... Voyons... nous serons... d'abord, les trois dames... et nous quatre... Nous serons sept... Le petit n'en est pas...

CHICONARD.

Sept... Oui, mais quelquefois il peut survenir quelque membre de la cavalcade... (A Troutrou.) Eh bien! tu commanderas pour quinze... Ce sera assez.

TROUTROU.

Yes, mylord... Very well, very good.

BOUFFI.

Allons maintenant me mettre en Amour! Oh! Dieu! que je m'amuse!

ENSEMBLE.

AIR : Finale du Tambour-Major.

En carnaval,
Vive le bal!
Que la vie
Est jolie!
Tout au plaisir,
Il faut jouir
Et des beaux jours
Et des amours!

BOUFFI.

Quel bonheur! je f'rai Cupidon!
Je vais un peu plaire
J'espère!

LABATTIS.

En voyant vot' min' d'écureuil,
Plus d'un' femm' va tourner de l'œil!

SAFRAN.

J'veux manger du roqu'fort
A mort!
Qué noces!
On se fera des bosses!

CHICONARD.

Amour, bœuf gras, bal et festin!
Il faut s'en donner jusqu'à demain.

ENSEMBLE.

En carnaval, etc.

* Labattis, Chiconard, Bouffi, Safran.

ACTE DEUXIÈME.

Une place. — A droite, la boutique de Mollet. — A gauche, premier plan, une maison avec un banc de pierre — Plus loin, troisième plan, une autre maison.

SCÈNE I.

TROUTROU, puis BOUFFI.

(Il est nuit. — Au lever du rideau, Troutrou, monté sur une échelle, est censé finir d'accrocher un écriteau au dessus de la boutique de Mollet.)

TROUTROU, descendant de l'échelle.

Là !... (Il regarde l'écriteau.) « Boucherie du Bœuf Gras. » En voilà une enseigne pour un bonnetier... Ah ! M. Bouffi vous voulez épouser ma petite Fouine !... nous verrons ! Je vous ménage une réception de votre beau-père.. Ah ! le pauvre homme ! j'espère que je le fais trotter... Voilà bien cinq heures que nous courons les rues...
(On entend crier : A la chienlit ! — Bouffi, habillé en Amour accourt et parcourt le théâtre.)

BOUFFI.

Ah ! sapristi ! est-ce que ça ne va pas finir ? Bon ! voilà que je perds mon carquois et mes traits !...

TROUTROU.

Eh bien ! mylord, vous arrêtez vous ?

BOUFFI.

Oui, je arrête moi... car je n'en peux plus !... Je crois cependant qu'ils ont perdu ma piste... Ah ça ! voyons, petit jockey... est-ce que nous ne serons pas bientôt arrivés ?... Voilà plus de deux heures que tu me fais courir dans Paris, pour me faire rejoindre le bœuf gras, et nous ne rejoignons rien du tout !

TROUTROU.

Ce était pas le faute à moi !

BOUFFI.

Ensuite, je fais une réflexion.,. Il y a déjà longtemps que la nuit est venue... à quoi cela me servira-t-il, maintenant, de voir le bœuf gras... Ce potentat doit être couché à l'heure qu'il est.

TROUTROU.

No... no.. Vous savez pas que le cortège il sortait le soir avec des flambiaux, des torches... Ce était bien plus magnifique que dans le jour.

BOUFFI.

Ah ! le cortége sort aux torches... Alors, c'est différent !... En effet, cela peut être très brillant...

* Troutrou, Bouffi.

c'est que ce diable de costume est fort léger... et, pour courir la nuit dans les rues... je crois toujours que j'ai oublié de m'habiller.

AIR de Doche.

Pour fair' l'amour, (*bis*.)
J'ai le physique et les manières,
Mais j'ignorais, jusqu'à ce jour,
Que l'on eût si froid aux... jarr'tières
Pour fair' l'amour, (*bis*.)
Dieu ! que j'ai froid, pour fair' l'amour !

Mais, enfin, voyons, où est-il ce bœuf gras ? J'ai peur que tu n'en saches rien toi-même... nous n'arriverons jamais !... Bon ! voilà mon bandeau qui me tombe sur le nez, à présent !

TROUTROU.

Voulez-vous que moi je disais à vous pourquoi je faisais tant courir lui ?... goddem !

BOUFFI.

Comment, si je le veux, goddem ! je l'exige, goddem !

TROUTROU.

Eh bien ! ce était par ordre de ces messieurs... ce était dans le épreuve que vous il devait sioubir pour être reçu du cortége.

BOUFFI.

Ah ! c'était une épreuve !... Il paraît que pour être admis, il faut être dévaté... En bien ! parole d'honneur, je m'en doutais... Je me disais : Il n'est pas possible que je coure comme ça pour rien ; fichtre ! il fait un vent ce soir... J'attraperai un rhume... pas de cerveau, peut-être... mais je m'enrhumerai bien sûr !... Voyons, jeune Pouding... l'épreuve de la course doit être terminée ?...

TROUTROU.

Yes, sir.

BOUFFI, à part.

Il m'appelle toujours sir... est-ce qu'il me prend pour un monarque ?... (Haut.) Eh bien ! quand rejoignons-nous le cortége ?

TROUTROU.

Oh ! nous n'en sommes plus loin.

BOUFFI.

C'est que j'ai aussi mon rendez-vous amoureux pour dix heures... Il faudra que je change de costume.

TROUTROU.

Vo avez le temps... il n'était que sept heures.

BOUFFI.

Tu crois?... j'aurais pensé qu'il était fort tard ! Il me semble qu'il y a bien long-temps que je cours !

CRIS, au dehors.

A la chienlit !..

BOUFFI.

Ah ! bon ! voilà la meute qui me poursuit... En route, alors... mais ne te trompe pas de chemin !

TROUTROU.

Soyez tranquille !

ENSEMBLE.

AIR : De la Revue.

Allons, en chemin,
Mettons-nous en train,
Puisqu'il faut courir,
Puisqu'il faut s'enfuir !
Où veut-on m'éprouver,
Il saura prouver
Je saurai
Que pour le jarret,
Il vaut un bidet !
Je vaux

(Il se sauve en courant par la gauche, avec Troutrou.)

VOIX, en dehors.

A la chienlit !

SCÈNE II.

MOLLET, sortant de sa boutique.

Quel bruit ! quel tintamarre ! Je suis sûr que nous ne dormirons pas de la nuit ! Benoît ! fermez la boutique ! Encore une journée où il a été impossible de travailler... ça dérange tout ! J'avais lu dans les journaux que, cette année-ci, on devait mettre le mardi gras un dimanche ; ça ne couperait pas la semaine au moins... Je suis allé aux voitures Laffitte et Caillard... On m'a assuré que mon gendre futur, M. Bouffi, était arrivé à Paris depuis plusieurs jours... et il n'est pas venu chez moi... C'est très alarmant !

CRIS, en dehors.

A la chienlit !

MOLLET.

Allons, encore des masques !... s'en donnent-ils ces gredins-là... Il y a des momens où, si je ne me retenais, j'irais bambochiner et courir les bals aussi, moi !... C'est que j'ai été un farceur dans mon temps... Je ne le dis pas devant ma fille, parce que les enfans doivent toujours croire à la virginité de leurs pères... mais j'en ai fait de ces rocambolles... et des conquêtes !... Ah ! Dieu ! D'abord, je dansais comme Taglioni... et puis, une jambe !... c'est au point qu'on l'a sculptée...

ma jambe a été au muséum... j'ai encore chez moi mon costume... J'étais superbe en titi... Et leur polka, leur mazourka !... Mais si je voulais, je les dégoterais tous... c'est dommage que je sois un peu rouillé... Qu'est-ce qui vient encore par ici ? Autant que le gaz me le permet, il me semble que ce sont des femmes... Eh ! eh ! voyons donc un peu !... c'est peut-être pour moi qu'elles viennent rôder par ici...

(Il se tient à l'écart, à droite.)

SCÈNE III.

MOLLET, GALANTINE, en Colombine, **BIBI,** en chasseresse, **SCABIEUSE,** en laitière. Elles avancent doucement.

ENSEMBLE.

AIR : C'est un muletier. (La Sirène.)

Il fait déjà noir ;
Aisément, le soir,
On peut se tromper
Et s'faire attraper.
Prenons garde aussi,
Car, pour voir ici
Même un amoureux,
Il faut de bons yeux !

MOLLET, à part.

La nuit est bien sombre,
Et pourtant, dans l'ombre,
Je vois des objets
Gentils et coquets !...

ENSEMBLE.

Il fait déjà noir, etc.

GALANTINE.

C'est bien ici la place en question, où chacune de nous doit trouver son noble incognito.

BIBI.

Je ne trouve rien du tout !

SCABIEUSE.

Il paraîtrait qu'aucun d'eux n'est encore arrivé.

(Elle remonte avec Bibi.)

GALANTINE.

J'ai beau m'écarquiller les yeux... je ne vois pas de sauvage.

MOLLET.

Elles ont l'air de chercher quelqu'un... voyons donc... voyons donc l..** (S'approchant de Galantine.) Bonsoir, belle Colombine... veux-tu que je sois ton Arlequin, ma minette?... Aurais-tu besoin d'une paire de filoselle pour ces jolis petits petons?

GALANTINE, le regardant.

Ah ! cette frimousse ! Allez donc, vieille marmite... qu'est-ce que voulez qu'on fasse cuire dans votre timbale ? (Elle remonte.)

* Galantine, Bibi, Scabieuse, Mollet.
** Galantine, Mollet, Bibi, Scabieuse.

MOLLET, à part.

Je me suis fourvoyé... celle-ci a bien mauvais genre! (Allant à Bibi qui redescend à droite.) Oh! voilà une bien jolie chasseresse... Est-ce que tu cherches un sanglier ?... As-tu besoin d'un bonnet de coton, beau masque ?

BIBI.

D'un bonnet de coton !... c'est bon pour vous, vieil éteignoir!
(Elle remonte près de Galantine, Scabieuse descend à droite.)*

MOLLET, à part.

Elle n'est pas si bien que je croyais !... (Allant à Scabieuse.) Hum! voilà une petite laitière dont je voudrais bien goûter le lait!... Veux-tu m'en donner pour un sou... Ah! je t'en supplie! une petite goutte de ton lolo...
(Il veut lui prendre la taille, elle passe à gauche, en se défendant. — Les deux autres redescendent.)

SCABIEUSE.

Du lait! à vous !... pourquoi faire ? vous en avez déjà votre provision.**

MOLLET.

Vous faites les méchantes, mais si vous aviez voulu entrer jaser un peu avec moi, je vous aurais couvertes de flanelle... Voyons, acceptez un petit verre de liqueur... J'ai du *vestepetro* excellent!

GALANTINE.

Ah ça! est-ce qu'il ne va pas nous laisser tranquilles, allez donc vieille alouette déplumée.

MOLLET, en colère.

Vieille alouette !... elles osent m'appeler... Vous êtes des pies-grièches et pas autre chose! entendez-vous !... Benoît ! fermez bien vite!

(Il rentre chez lui.)

LES TROIS FEMMES, le poursuivant.

A la chienlit!

BIBI.

Mais nos trois seigneurs ne viennent guère vite!***

GALANTINE.

Chut ! je crois, dans l'ombre, distinguer les plumes d'un sauvage.

SCABIEUSE.

Moi, je vois un débardeur.

BIBI.

J'aperçois un Turc... Ce sont eux!

GALANTINE.

Attention, mesdemoiselles... ce sont des hommes comme il faut... Veillons nos mots.

* Bibi, Scabieuse, Galantine, Mollet.
** Galantine, Bibi, Scabieuse.
*** Bibi, Galantine, Scabieuse.

SCÈNE IV.

LES TROIS FEMMES, CHICONARD, en sauvage, avec une massue; LABATTIS, en Turc; SAFRAN, en débardeur. Ils ont de faux nez avec des moustaches.

ENSEMBLE.

AIR : Une heureuse rencontre. (Sirène.)

Quelle heureuse rencontre !
Je n'ai pas de montre,
Mais l'heure du rendez-vous
Avait sonné pour nous.

CHICONARD, à Galantine.

C'est vous, ô ma comtesse !...

GALANTINE.

Quel moment ! quelle ivresse !

LABATTIS ET SAFRAN.

Baronne, ah! quel plaisir!
Marquise,

SCABIEUSE, BIBI.

Je me sens tressaillir!

REPRISE DE L'ENSEMBLE.

Quelle heureuse rencontre! etc.

CHICONARD.

Ah! je crois, belle comtesse, que je me suis fait attendre... Je suis un misérable!.. une canaille!... faire droguer dans la rue une personne de votre rang!...Tenez, fustigez-moi avec ma massue, vous me ferez plaisir.

GALANTINE.

Non, non, je vous pardonne !... (A part.) C'est singulier, l'autre soir il m'avait semblé moins corpulent.

LABATTIS, à Bibi.

Belle baronne, vous vous êtes mise en chasseresse... Ah! vous en êtes bien capable!...

BIBI, à part.

Qu'il est aimable! (Haut.) C'est étonnant, vous me semblez plus grand qu'avant-hier.

LABATTIS.

C'est le costume... c'est l'effet du turban... et puis, j'ai des talons.

SAFRAN.

Marquise, vous faites une laitière dont on voudrait bien obtenir la petite cruche.

SCABIEUSE.

Oh! laissez-vous, vaporeux !... (A part.) C'est drôle, je l'avais cru plus gras!

GALANTINE, à Chiconard.

Est-ce que vous connaissez ces deux messieurs?

* Safran, Scabieuse, Chiconard, Galantine, Bouffi, Labattis.

CHICONARD.
Certainement... ce sont deux seigneurs... je veux dire deux aimables cavaliers, avec lesquels je suis... comme les cinq doigts et le pouce... Mais ces deux belles dames seraient-elles aussi de votre connaissance?...

GALANTINE.
La marquise et la baronne?... mais z'oui... nous fréquentons les mêmes racaouis.

CHICONARD.
Oh! tant mieux!... Messieurs, ces dames se connaissent... nous ne les contrarierons pas en nous réunissant... nous ne formerons qu'un paquet!

LABATTIS.
Alors, nous allons passer une nuit aux oiseaux!.. quelle réjouissance!

SAFRAN.
Nous avons commandé un souper un peu chicochicachicandissimar!

SCABIEUSE.
Ah! vous faites des folies!

CHICONARD.
Bah! pour ce que ça nous coûte!... Des truffes à mort!... Les aimez-vous, comtesse?

GALANTINE.
Je ferais des petitesses pour une truffe?

CHICONARD.
Eh bien! si nous rendissions chez le traiteur? notre voiture va passer.

GALANTINE, à part.
Ils ont voiture! quel fion!

LABATTIS.
Ah! oui, l'Hirondelle qui passe à côté... Elle nous déposera juste chez le traiteur.

(Les hommes remontent.)

BIBI, bas, à Galantine.
Pour des seigneurs... nous mener en omnibus!... c'est pas gras!

GALANTINE.
Mais, ma chère, en carnaval, les seigneurs aiment beaucoup à se populaser.

(Cris en dehors.)

SAFRAN, bas à Chiconard.
Dépêchons!... j'entends Troutrou et l'Amour qu'on poursuit!...   (Ils redescendent.)

CHICONARD, chantant.
Allons, mes belles, suivez-nous, etc.
Vos bras, et allons guetter l'Hirondelle.

TOUS.
En route!

ENSEMBLE.

AIR : Marche de la Jolie Fille de Gand.

Le souper nous attend,
Partons sur le champ,
Oh! nuit de délices!
Bientôt, sous tes auspices,
L'amour, les plaisirs
Vont combler tous nos désirs!

(Ils s'éloignent deux à deux en dansant.)

CRIS, en dehors et corne à bouquin.
A la chienlit!

SCÈNE V.

BOUFFI, arrivant en courant.

Ah! je leur échappe encore! Qu'est-ce qu'ils ont donc à me traquer comme un marcassin?... Ouf!... je fais un métier de course au clocher!... Enfin, le petit groom anglais vient de me désigner cette place en me disant : C'est là où finissent vos épreuves, et où vous trouverez le bœuf gras... et puis, il m'a quitté... J'aurais dû l'empêcher de me lâcher... Mais, rappelons-nous bien ses instructions... C'est de cette place que partira la cavalcade... et on n'attend plus que moi pour se mettre en marche. Il ne s'agit que de trouver la maison où loge le bœuf gras... Il m'a dit que je la reconnaîtrais... Mais à quoi?... la nuit, ce n'est pas facile... ce doit être quelque gros boucher... Ma foi! tant pis!... je vais frapper là.

(Il frappe à la porte premier plan à gauche.)

UN HOMME, en bonnet de coton et en pet-en-l'air, paraissant à la fenêtre, avec une grosse voix.
Qu'est-ce qui est là?

BOUFFI, reculant effrayé.
Pardon, monsieur... Le bœuf gras, s'il vous plaît?

L'HOMME, furieux.
Drôle! qui vient me déranger!... Connais pas!...   (Il ferme brusquement sa fenêtre.)

BOUFFI.
Il ne connaît pas!... Ce doit pourtant être un personnage connu... Il y met de la mauvaise volonté... Voyons plus loin...

(Il frappe à l'autre maison à gauche.)

UNE VIEILLE FEMME, paraissant à la fenêtre, coiffée de nuit.
Qui est-ce qui frappe?

BOUFFI.
Mille excuses, madame... Le bœuf gras, s'il vous plaît?

LA VIEILLE FEMME.
Le bœuf gras?... qu'est-ce qu'il fait?... Est-ce un artiste, un employé?...

BOUFFI.
Je vous demande un bœuf... je ne vous demande pas un employé.

LA VIEILLE FEMME.
Polisson! gamin! qui me réveille pour ça! Re-

frappe encore, et tu recevras ma cuvette sur la tête!
(En disant ces derniers mots, elle lui jette le contenu d'un vase de nuit, et disparaît.)

BOUFFI, se secouant.

Qu'est-ce qu'elle a donc cette vieille bohémienne?... Ah ça! il est donc introuvable, cet animal-là? (Il approche de la boutique de Mollet et aperçoit l'écriteau.) Oh! si je ne me trompe.. il y a une enseigne sur cette maison... tâchons de lire... « Boucherie du Bœuf Gras. » Ah! enfin! c'est bien heureux!... mais, au moins, je suis sûr de mon affaire, à présent!... (Il frappe.) Allons, allons, la maison!... est-ce que le cortége fait la sieste? (Il refrappe.) Allons, mes enfans, allons, ouvrez!...

MOLLET, en dehors.

Qu'est-ce qui fait des infamies à ma porte?

BOUFFI.

C'est celui que vous attendez... c'est l'Amour. Ouvrez donc!.. je n'ai pas chaud!.. parole d'honneur... L'amour a l'onglée!..

SCÈNE VI.

BOUFFI, MOLLET.

MOLLET, entr'ouvrant sa porte.

Comment, c'est l'Amour?.. Encore un masque! (A part.) Tiens! c'est une femme! (Il poursuit Bouffi en lui faisant des agaceries.) Une belle femme même!.. Que désirez-vous, jolie travestie?

BOUFFI.

Ce que je désire? mais c'est vous... Ah! il y a assez long-temps que je soupire après vous et que je brûlais d'arriver à votre bercail!

MOLLET.

Vous brûliez d'arriver à mon bercail!... (A part.) Elle soupire après moi... c'est une déclaration... Elle n'y va pas par quatre chemins!

BOUFFI.

On a dû vous parler de moi... Est-ce que vous ne m'attendiez pas?

MOLLET.

Si, je vous attendais!.. (A part.) Le diable m'emporte si je sais ce qu'elle veut dire. (Haut.) Oui, oui, je vous... c'est-à-dire, pourtant... Au fait, je ne vous attendais pas précisément, mademoiselle.

BOUFFI, à part.

Mademoiselle!.. Ah! le vieux farceur!.. (Haut.) Je suis l'Amour, encore une fois!

MOLLET, à part.

C'est vrai, qu'elle est gentille comme un amour!.. (Haut.) Laisse-moi t'embrasser d'abord sur ta petite fossette...

Bouffi, Mollet.
LE BOEUF GRAS.

BOUFFI, se défendant, à part.

M'embrasser!.. Ah! minute!.. Si c'est encore dans les épreuves, je refuse de passer par celle-là!.. (Le repoussant, haut.) Mon bonhomme, je vous défends ce genre de plaisanterie!
(Mollet lui fait de nouvelles agaceries, auxquelles il répond par un grand coup de poing.)

MOLLET, reculant.

C'est un homme!... Arrière!... je ne vous connais pas!... Qu'est-ce que vous voulez chez moi, polisson?

BOUFFI.

Mais, vieux pot! je fais partie du cortége..: Où est le bœuf gras, que je grimpe dessus?

MOLLET.

Qu'est-ce qu'il me ragotte avec son bœuf gras?... Aurez-vous bientôt fini vos turpitudes?...

BOUFFI.

Ah! voyons, vieux boucher!... il y a assez long-temps que je suis dans la rue; je veux entrer!

MOLLET.

Vieux boucher!... Vous n'entrerez pas!

BOUFFI.

J'entrerai!.. (Ils se bousculent.)

MOLLET.

Je vous dis que vous n'entrerez pas!... Ah! vous croyez violer mon domicile!... (Appelant.) Benoît!... François!... au secours!... (Trois garçons paraissent.) Rossez-moi ce drôle-là!... (Les garçons les séparent.) Rossez-le ferme!... C'est un chourineur déguisé en Amour!

LES GARÇONS.

AIR : Les Tuileries.

Pourquoi ce bruit?
Ah! cette nuit
Est effroyable;
Épouvantable!
Mais nous battrons,
Nous rosserons
Tous ceux que nous attraperons!

(Les garçons rossent Bouffi, qui va tomber sur le banc de pierre adossé à la maison du premier plan, à gauche. Bouffi pousse des cris. Les garçons sortent.)

MOLLET.

Bon! il a son compte!... Maintenant, allons vite me déguiser et courir à la recherche de mon gendre. (Il sort par le fond à droite.)

BOUFFI, seul, sur le banc.

Aïe! aïe! aïe!... je suis moulu!... j'ai onze côtes de déplacées!... Ah! les gredins!... comme ils y allaient! Si c'est encore une épreuve... je sens que je n'en supporterai pas davantage!... Je suis brisé!... affaissé!... Ce banc de pierre va recéler mes cendres!

SCÈNE VII.

BOUFFI, CHICONARD, LABATTIS, SAFRAN, GALANTINE, BIBI, SCABIEUSE; *ils arrivent bras dessus, bras dessous et en chantant. Le jour paraît. Les trois hommes ont encore leurs faux nez.* *

ENSEMBLE.

AIR : Finale de Théâtre et cuisine.

Rions, chantons,
Aimons, dansons.
Vive un festin
Pour nous mettre en train !
Un bon souper met en gaîté,
Il donn' plus d'aplomb à la beauté !
Bientôt, pour finir le carnaval,
Tous les six nous ouvrirons le bal !
Et l'on s'en donnera,
Et de la cachucha,
Et de la polka !

CHICONARD.
Notre repas était à quatr' services !

GALANTINE.
C'était charmant ! tout était délicat !

LABATTIS.
Moi, j'ai mangé trois buissons de saucisses !

SAFRAN.
Moi, j'ai chiqué trois douzain's d'œufs sur l' plat !

ENSEMBLE.
Rions, chantons, etc.

LABATTIS.
Je dis qu'on en a un peu joué, des quenottes !

GALANTINE.
Ça, c'est vrai que votre souper était délicieux !..
Trois entrées de veau... c'était magnifique !

CHICONARD.
Pour vous régaler, belles dames, nous aurions pris un veau tout entier !

BIBI.
Mais pourquoi avez-vous toujours gardé vos nez ?

SAFRAN.
C'est pour nous garantir du froid.

GALANTINE.
Maintenant, vous allez nous mener au bal, n'est-ce pas ?

CHICONARD.
Certainement... au bal du Caire ; c'est bien plus élégant qu'à l'Opéra.

BOUFFI, sur le banc, rêvant tout haut.
A moi !... on m'assassine !... Le bœuf gras a juré ma mort !

GALANTINE.
Ah ! mon Dieu ! mais il y a quelqu'un là !..."
(Elle s'approche du banc.) Regardez donc, mesdemoiselles, c'est un Amour !

BIBI et SCABIEUSE.
Un Amour ?

BIBI.
Qu'il est joli !

CHICONARD, bas, à Safran.
C'est notre homme !... (Haut.) Oui, vraiment ! un Amour tout crotté... Ce n'est pas un Amour propre !

BOUFFI, sur le banc, rêvant.
O Pouffignac ! ô Blaguinska ! où êtes-vous, mes adorées ?

GALANTINE.
Il nous a nommées !

BOUFFI, ouvrant les yeux.
Que vois-je ? ai-je la berlue ? mes trois conquêtes ? (Il se lève.)

SCABIEUSE.
C'est mon monsieur de dimanche !

GALANTINE.
C'est le mien !

BIBI.
C'est le mien !

BOUFFI.
Ah ! mesdames, vous me voyez dans un état !... C'est que je suis tombé... je me suis battu... avec un vieux boucher... Je ne sais pas ce qu'est devenu mon carquois... je suis bien inquiet de mon carquois ! (Il va pour sortir.)

GALANTINE, le retenant.
Qu'est-ce à dire, monsieur ?... Vous nous en contiez donc à toutes les trois ensemble ?

BIBI.
Vous vouliez donc vous moquer de nous ?

SCABIEUSE.
Et avec qui donc avons-nous soupé, alors ?

BOUFFI.
Oh ! soyez tranquilles... c'est avec trois hommes distingués de mes amis..."** MM. de Flouenski... de Carpentras... de Haute-Tige... des hommes blasonnés, des hommes dont l'écusson doré... est à plusieurs quartiers.
(Les trois hommes ôtent leurs nez.)

CHICONARD.
Et qui sont enchantés d'avoir fait votre connaissance, et mangé votre souper, cher ami.

GALANTINE.
Chiconard !

BIBI.
Labattis !

---

* Bouffi, Bibi, Labattis, Galantine, Chiconard, Scabieuse, Safran.

** Labattis, Bibi, Bouffi, Galantine, Chiconard, Scabieuse, Safran.

SCABIEUSE.
Safran!
GALANTINE.
Mesdemoiselles, nous sommes fumées!
BOUFFI.
Fumées!... la comtesse est fumée!... Ah! bigre! quel jargon!
CHICONARD, lui présentant Galantine.
Permettez-moi de vous présenter Mme Galantine, charcutière.
LABATTIS, de même.
Mlle Bibi, modiste.
SAFRAN, de même.
Mlle Scabieuse, fleuriste.
BOUFFI.
Une charcutière! des modistes!... Chiconard! Labattis!... Ah! un moment!... je demande une explication.
LABATTIS, s'avançant sur lui.
Une explication!...* C'est le moment de l'assommer!
BOUFFI.
M'assommer!... merci! je suis satisfait, je ne demande plus d'explication.
CRIS, en dehors.
A la chienlit!...

∘∘

SCÈNE VIII.

LES MÊMES, MOLLET, FOUINE, TROUTROU
FOULE DE MASQUES.

(Mollet est déguisé en titi coquet, avec des mollets énormes. — Fouine, travestie, entre un peu après lui, par la droite. — Troutrou entre en même temps par la gauche. — Mollet entre en courant, jusqu'au milieu de la scène, et reçoit de la coulisse plusieurs projectiles qu'on lui lance, accompagnés d'une pluie de farine. — Les autres personnages se rangent à gauche, de façon que Mollet est isolé.)

MOLLET, se retournant vers la droite.
Voulez-vous vous taire, et me laisser tranquille!.. drôles, polissons!
BOUFFI.
Eh! c'est mon vieux boucher!
MOLLET, apercevant Bouffi.
Mon filou de cette nuit!...** Sauvages, turcs, chinois!... je réclame votre assistance!.... Cet homme, qui n'a d'un Amour que la cotte, a voulu ce soir s'introduire de force dans ma boutique, pour piller mon fonds de chaussettes... C'est un filou! un poivrier!

* Bibi, Labattis, Bouffi, Galantine, Chiconard, Scabieuse, Safran.
** Labattis, Bibi, Troutrou, Fouine, Bouffi, Mollet, Chiconard, Galantine, Scabieuse, Safran.

BOUFFI.
Un poivrier?... qu'est-ce que c'est que cet animal-là?
MOLLET.
Je vais requérir la garde, pour arquepincer ce drôle! (On le retient.)
BOUFFI, exaspéré.
Mais, je suis donc dans un guêpier! dans une souricière!
(Les autres personnages ont un peu remonté la scène.)
CHICONARD, s'approchant de Bouffi, à part.
Vous ne voyez donc pas que tout cela est encore une épreuve pour être reçu membre du bœuf gras?... pour vous tâter, voir si vous avez du nerf?... Tenez, prenez ma massue, n'ayez pas peur, tapez sur le vieux, tapez ferme!... et vous serez reçu avec acclamations.
BOUFFI, prenant la massue.
Ah! bien! s'il ne faut que ça pour les satisfaire, ça va rouler!...
MOLLET, qui a parlé avec les autres personnages, se rapprochant de Bouffi.
Vous avez beau dire, vous ne m'échapperez pas!
(Bouffi le saisit par un bras, le fait tourner vivement, et le frappe avec sa massue. — Mollet pousse des cris.)

ENSEMBLE.
AIR : Va Pivot.
Voyez donc ce titi,
N'est-il pas bien gentil!
La bonn' têt', c'est curieux!
Ils se batt'nt, c'est fameux!
(A la fin du chœur, Bouffi a enfoncé sa massue sur la tête de Mollet, de façon qu'il en est coiffé.)
MOLLET, se soutenant à peine.
Aïe! je suis écrasé! j'ai un sourcil de rentré!... Décoiffez-moi!... Je demande du vulnéraire!
TROUTROU, le débarrassant de la massue.
Vous êtes sauvé, bourgeois!
BOUFFI.
Ma foi, à présent, s'il ne sont pas contens, ce n'est pas ma faute... il me semble que j'en ai montré du nerf... Sachez tous que je ne suis point un va-nu-pieds, comme vous pourriez le croire... je me nomme Bouffi de Perdreauville, futur gendre de M. Mollet, bonnetier.
MOLLET.
Qu'est-ce que j'entends!... vous seriez Bouffi, mon futur gendre!...
BOUFFI.
A vous?... Vous n'êtes donc pas boucher?
MOLLET.
Moi, boucher!... Je suis Mollet, monsieur, j'ai toujours été Mollet, de père en fils.
BOUFFI.
Tiens! c'est mon beau-père avec qui je me suis donné une trépignée.
MOLLET.
Votre beau-père!... jamais!... Par exemple!...

Je ne veux par pour gendre d'un homme qui court les rues en Amour... qui m'a brisé une massue sur le nez !... Troutrou, je te permets de r'aspirer à la main de Fouine... Tiens, voilà sa dot... je l'ai sur moi.... (Il tape sur ses gros mollets.)

BOUFFI.

Décidément, je crois que je me suis laissé jobarder.

CHICONARD.

Ça y ressemble beaucoup !

(Cris en dehors, musique bruyante à l'orchestre et cornet à bouquin.)

BOUFFI, effrayé.

Qu'est-ce qu'il y a encore ?...

CHICONARD.

Oh ! cette fois, c'est le bœuf gras ! (Bas aux autres.) Celui que j'ai commandé... (A Bouffi.) Allons, Monsieur de Perdreaurouge, voici le moment de votre triomphe ! Mes amis, emportons l'Amour et que le cortége se mette en marche !

BOUFFI.

Bah ! vraiment !... On va me porter !... Oh ! quel plaisir !

(Labattis et Chiconard le prennent chacun par une jambe, le soulèvent, l'asseyent sur leurs épaules et l'emportent en sortant par la droite. — Les autres personnages les suivent.)

CORTÉGE DU BŒUF GRAS.

(Le cortége entre par le fond, à droite, et fait le tour du théâtre en passant devant le public.—D'abord, un énorme tambour-major de huit pieds, quatre masques, singe, ours, etc., chacun une seringue sur l'épaule en guise de sabre. Un vieillard représentant le Temps, un parapluie à la main. Quatre jeunes filles, travestissemens variés. Elles jettent des fleurs à Bouffi, qui suit, monté sur un âne, avec des grandes cornes dorées, orné et brillamment caparaçonné. Labattis et Chiconard tiennent chacun un des côtés de la bride. Les autres personnages suivent en dansant. Puis plusieurs autres masques en costumes variés. Au fond, le char du cortége, sur lequel sont plusieurs masques. — Au moment où Bouffi défile devant le public, le cortége s'arrête.)

BOUFFI, à ceux qui l'entourent.

Mes amis, je vous demande une chose... Si vous voulez que mon bonheur soit complet, faites-moi passer sous la porte Saint-Denis !

(Le cortége se remet en marche. On dispose les groupes. L'âne est au milieu du théâtre, Bouffi dessus. Danse gracieuse et galop général autour de l'âne.)

(Le rideau baisse.)

FIN DU BŒUF GRAS.

Paris. — Imprimerie de BOULÉ et Cᵉ, rue Coq-Héron, 3.

On trouve à la librairie de C. TRESSE, Palais-Royal :

LA FRANCE DRAMATIQUE AU XIX° SIÈCLE.

CABINET SECRET DU MUSÉE ROYAL DE NAPLES.

1 beau vol. in-4°, grand-raisin vélin, orné de 60 planches coloriées, représentant les peintures, les bronzes et statues érotiques qui existent dans ce cabinet. Au lieu de 100 fr. — Broché .... 30 fr.
— Le Même, figures noires. — Broché.. 20
— *Idem*, figures coloriées sur Chine, demi-reliure en veau.. 40
— *Idem*, figures noires sur chine, demi-reliure en veau... 35
— *Idem*, doubles figures noires et coloriées, cartonné à la Bradel.. 45
— *Idem*, avec les deux collections de grav. sur papier de Chine parfaitement coloriées, demi-reliure dos en veau à nerf. 60

L'art ancien et l'art au moyen-âge ne se piquaient pas d'une pudeur bien chaste ; les plus admirables chefs-d'œuvre sont souvent accompagnés de détails obscènes qui en rendent impossible l'exposition aux yeux de tous. Le cabinet secret du roi de Naples est la seule galerie au monde où l'on se soit proposé de réunir tous les chefs-d'œuvre impudiques. Le livre qui les reproduit est l'indispensable complément de toutes les collections de musées, et doit trouver place dans un coin secret de la bibliothèque de l'artiste et de l'amateur.

LE CHASSEUR AU CHIEN D'ARRÊT,

Contenant les Habitudes, les Ruses du Gibier, l'Art de le chercher et de le tirer, le Choix des Armes, l'Éducation des Chiens, leurs Maladies, etc.

Par ELZÉAR BLAZE. — Troisième édition. — 1 volume in-8°. — Prix 7 fr. 50 cent.

LE CHASSEUR AU CHIEN COURANT,

Contenant les Habitudes, les Ruses des Bêtes ; l'Art de les quêter, de les juger et de les détourner; de les attaquer, de les tirer ou de les prendre à force; l'Éducation du Limier, des Chiens courans, leurs Maladies, etc.

Par Elzéar Blaze. — 2 vol. in-8°. — Prix 15 fr.

HISTOIRE DU CHIEN

Chez tous les Peuples du monde,

D'après la Bible, les Pères de l'Église, le Koran, Homère, Aristote, Xénophon, Hérodote, Plutarque, Pausanias, Pline, Horace, Virgile, Ovide, Jean Calus, Paulini, Gessner, etc.

Par ELZÉAR BLAZE. — Un vol. in-8°. — Prix : 7 fr. 50 c.

LE CHASSEUR AUX FILETS OU LA CHASSE DES DAMES,

Contenant les Habitudes, les Ruses des petits Oiseaux, leurs noms vulgaires et scientifiques, l'Art de les prendre, de les nourrir et de les faire chanter en toute saison, la Manière de les engraisser, de les tuer et de les manger.

Par EL. BLAZE. — Un vol. in-8°, avec planches gravées. — Prix : 7 fr. 50 c.
Le MÊME, grand papier vélin, imprimé en encre rouge. — Prix : 15 fr.

LE CHASSEUR CONTEUR OU LES CHRONIQUES DE LA CHASSE,

Contenant des Histoires, des Contes, des Anecdotes, et par-ci, par-là, quelques Hâbleries sur la Chasse, depuis Charlemagne jusqu'à nos jours.

Par ELZÉAR BLAZE. — Un vol. in-8°. — Prix 7 fr. 50 c.

L'ALMANACH DES CHASSEURS,

Contenant les Opérations cynégétiques de chaque mois de l'année, des Pronostications faites suivant les calculs du savant Mathieu Lænsberg, des Anecdotes sur la Chasse, la Vie miraculeuse du grand Saint-Hubert, etc.

Par EL. BLAZE. — Un volume in-18. — Prix 1 fr.

LA VIE MILITAIRE SOUS L'EMPIRE,

OU MŒURS DE LA GARNISON, DU BIVOUAC ET DE LA CASERNE.

Par EL. BLAZE. — Deux vol. in-8. — Prix 15 fr.

LE LIVRE DU ROY MODUS ET DE LA ROYNE RACIO,

Nouvelle édition, en caractères gothiques, conforme aux manuscrits de la Bibliothèque royale, ornée de 50 gravures faites d'après les vignettes de ces manuscrits fidèlement reproduites,

Avec une Préface par ELZÉAR BLAZE. — Un volume grand in-octavo sur jésus. — Prix : 50 francs.

LETTRE A M. LE PRÉFET DE POLICE,

Sur les Ordonnances d'ouverture ou de clôture de la Chasse et sur le Commerce du gibier dans Paris, pendant que la Chasse est prohibée.

Par ELZÉAR BLAZE. — Une brochure in-8. — Prix : 50 c.

TIR AU PISTOLET,

Causerie théorique, contenant l'Art de tirer le Pistolet, le Choix des Armes, la Manière de les guidonner.

Par M. A. D'HOUDETOT. — Deuxième édition. — Un joli volume grand in-18 orné de vignettes. — Prix : 3 francs.

Paris. — Imprimerie de BOULÉ et Cⁱᵉ, rue Coq-Héron, 3.

www.ingramcontent.com/pod-product-compliance
Lightning Source LLC
Chambersburg PA
CBHW070541050426
42451CB00013B/3114